Die spannendsten Erstlesegeschichten

Mit Silbentrennung
zum leichteren Lesenlernen

Liebe Eltern,

jedes Kind ist anders. Eines kennt bereits alle Buchstaben in der
Vorschule und kann sie zu Wörtern formen. Ein anderes lernt
das Abc beim Eintritt in die Schule. Für das spätere Leseverhalten
ist das völlig unerheblich. Wichtig aber ist der Spaß am Lesen –
und zwar von Anfang an. Darum muss sich die konzeptionelle
Entwicklung von Lesetexten an den unterschiedlichen
Lernentwicklungen der Kinder orientieren.

Dieser **Sonderband mit Silbentrennung** erleichtert Leseanfängern das Lesenlernen in besonderem Maße. Die Texte sind
in übersichtliche Leseeinheiten mit kurzen Zeilen unterteilt und
die Wörter silbisch dunkelblau/blau gedruckt. Die Aufgliederung
in Sprechsilben hilft dabei, ein Wort richtig lesen und verstehen
zu können. Fast immer entsprechen die Sprechsilben auch der
Worttrennung nach Schreibsilben. In einigen Fällen werden
Wörter anders markiert, zum Beispiel bei der Trennung einzelner
Vokale. So können Leseanfänger jede Sprechsilbe erkennen:
Idee, Radio. Durch die Abstufung dunkelblau/blau bleibt
das Wort dennoch als erkennbare Einheit erhalten.

Lustige Leserätsel unterstützen das Textverständnis
und regen zum Nachdenken und zum Gespräch
über die Geschichte an. Denn Kinder, die viel
Gelegenheit zum Sprechen haben, lernen
auch schneller lesen.

Die spannendsten Erstlesegeschichten

Mit Silbentrennung
zum leichteren Lesenlernen

Mit Bilder- und Leserätseln

Arena

1. Auflage 2019
© 2019 Arena Verlag GmbH
Rottendorfer Straße 16, 97074 Würzburg
Alle Rechte vorbehalten
Einbandillustration: Martina Theisen
Gesamtherstellung: Westermann Druck Zwickau GmbH
ISBN 978-3-401-71373-1

www.arena-verlag.de

Inhaltsverzeichnis

Christian Seltmann
studierte Geschichte, Germanistik und
Philosophie in Bochum. Er war Matratzenlieferant,
Radiosprecher, Krankenwagenfahrer, Universitätsdozent,
Fremdenführer und vieles mehr. Er war Pfadfinder und
Messdiener und ein Jahr lang in Spanien. Heute lebt er
mit seiner Frau und zwei Kindern in Coburg und
schreibt Kinderbücher. Richtig gerne!

Pina Gertenbach,
geboren 1982, hat an der Hochschule Mannheim
Kommunikationsdesign studiert. Sie lebt und arbeitet als
freiberufliche Designerin und Illustratorin in Karlsruhe.

Christian Seltmann

Kleiner Ritter Kurz von Knapp

Rittergeschichten

Bilder von Pina Gertenbach

Inhalt

Ein Drachenfreund

Das ist Ritter Kurz von Knapp.
„Kurz" ist sein Vorname
und „von Knapp" sein Nachname.

Sein Name passt gut zu ihm.
Denn er ist nicht nur kurz,
sondern auch nur knapp
eins zwanzig groß.

Ritter Kurz ist sehr, sehr mutig und
hat vor nichts und niemandem Angst.
Na gut, vor fast nichts.

Oft reitet er in den Wald, in die Wüste,
ins Gebirge oder in den Sumpf.
Dort besucht er seine Freunde:
die fabelhaften Kreaturen.

? Wie groß ist Ritter Kurz von Knapp?

Die Freunde von Ritter Kurz,
also die fabelhaften Kreaturen,
sind Drachen, Ungeheuer,
Schlangen mit drei Köpfen
oder Löwen mit Vogel-Körper.

„Grüß dich, du alter Dickbauch!",
ruft Ritter Kurz,
als er an die Modder-Stelle
des Drachen Karl-Heinz-Otto kommt.

„Kurz von Knapp!",
faucht der Drache
und spuckt gleich mal ein bisschen Feuer.
Dann wirft er eine Pranke voll Schlamm
nach dem Ritter.

„Vorbei!", lacht Ritter Kurz.

Aber der nächste Wurf des Drachen
verfehlt sein Ziel nicht.

Kurz von Knapp fällt in den Matsch,
und Karl-Heinz-Otto schmunzelt.
Er ist ein Drache mit drei Köpfen.
Der erste heißt Karl, der zweite Heinz
und der dritte Otto.

„Guten", sagt Karl.
„Tag", sagt Heinz.
„Auch!", sagt Otto.

? **Wel**cher **Kopf ge**hört **zu wel**cher **Kre**atur?

„Was geht?", schreit Karl.
„Matsch-Werfen!",
ruft Ritter Kurz lachend,
und schon klatscht ihm
noch eine Ladung Schlamm
ins Gesicht.

So spielen Kurz von Knapp
und der Drache mit den drei Köpfen,
bis es dunkel wird.
Dann muss Ritter Kurz nach Hause.

Karl-Heinz-Otto sagt:
„Wir würden dich gern mal besuchen!"
„Gute Idee!", ruft Ritter Kurz.

Aber als er nach Hause reitet,
da fällt Ritter Kurz ein:
„Ach je, ein Drache auf meiner Ritterburg,
das geht ja gar nicht."

Die anderen Ritter

Denn niemand darf wissen,
dass Ritter Kurz solche Freunde hat:
Drachen, Ungeheuer, Kreaturen!
Ganz und gar unmöglich!

Aber Kurz von Knapp ist mutig.
Er wird seine Freunde,
die fabelhaften Kreaturen,
trotzdem zu seinem Geburtstag einladen!

18

? Wie viele Kreaturen haben sich hier versteckt?

Wenn da nur nicht
die anderen Ritter wären . . .
Auf dem Heimweg zu seiner Burg
kommt Ritter Kurz nämlich
an der Ritter-Schenke vorbei.

Und da sitzen sie, die anderen Ritter,
und prahlen mit ihren Taten.
Wie sie Drachen fangen
und Ungeheuer jagen.
Denn das ist das, was Ritter tun!

„Na, Kurz von Knapp?",
brüllt Ritter Motz laut.
„Heute schon Blumen gepflückt?"
Die Ritter lachen fies.

Kurz von Knapp will weiterreiten.
Aber die Ritter lassen ihn nicht.

? Wo treffen sich die anderen Ritter?

Herr von Wichtig fragt:
„Hast du nicht morgen Geburtstag?"
Kurz von Knapp nickt.

Ritter Brett vorm Kopf kichert:
„Willst du uns nicht
zu einem Gelage einladen?"

„Nein, nein", sagt Ritter Kurz schnell.
„Ich feiere nicht."

Ritter Groß von Kotz
sagt hinterlistig:
„Weißt du schon, dass morgen
die Ritter-Prüferin
bei dir vorbeikommt?"

Ritter Kurz von Knapp erschrickt.
Die Ritter-Prüferin?
Es wird ihm angst und bange.

Wenn er die Prüfung nicht besteht,
dann ist er kein Ritter mehr.
Und er muss seine Burg verlassen.
Oh nein!

Ein toller Geburtstag

Am nächsten Tag
hat Ritter Kurz
alle Hände voll zu tun,
denn er will ein
richtig schönes Fest feiern.

Die anderen Ritter und
die Ritter-Prüferin
hat er völlig vergessen.

Er singt fröhlich: „Da-di, da-da, hurra,
bald sind alle meine Freunde da!"

? Wie findet Ritter Kurz
zum Drachen Karl-Heinz-Otto?

26

Ritter Kurz bereitet alles
für seine Geburtstagsfeier vor.
Er putzt und wienert.

Er backt ungefähr zwölf Kuchen.
Er stellt drei große Tröge
mit Schlamm bereit.

Er besorgt Stinkbomben,
Luftballons, Popcorn,
geröstete Käfer,
schimmeliges Brot
und angefaulte Äpfel.

Das mögen seine fabelhaften Freunde!

Dann ist es so weit.
Alle Freunde von Ritter Kurz sind da
und haben tolle Geschenke dabei.

Ritter Kurz bekommt eine Halskette
aus Drachen-Krallen,
einen Behälter für Ohren-Schmalz
und ein rosa Furz-Kissen.

Dazu singen sie für Ritter Kurz
ein schiefes Geburtstagslied
und spucken Feuer.

Ritter Kurz bläst die Kerzen aus,
und dann dürfen sie endlich
die zwölf Kuchen fressen.

Das war knapp!

Auf einmal klopft es am Burgtor.
Ritter Kurz fällt die Ritter-Prüferin ein.
Oh nein, die hat er ja total vergessen!
„Seid mal alle still!", ruft der Ritter.

Die Ritter-Prüferin heißt
Gundula von Ganz-Genau.
Und so sieht sie auch aus.

„Feiern Sie ein Fest, Herr Ritter?",
fragt sie misstrauisch.

„Ja, ich habe heute Geburtstag",
sagt Kurz von Knapp höflich.

Er schiebt mit dem Fuß den
Schwanz eines Drachen
hinter einen Vorhang.

„Und wo sind Ihre Gäste?"
„Ich feiere allein",
antwortet Ritter Kurz.

„Aha", sagt Frau von Ganz-Genau
und schaut sich auf der Burg um.

„Zeigen Sie mal ihre ausgestopften Kreaturen",
sagt sie mit strenger Stimme.
„Ich muss prüfen,
ob Sie ein guter Ritter sind."

„Natürlich", sagt Kurz von Knapp.
Er führt sie in den Ball-Saal
und zeigt ihr die Trophäen
seines Vaters und Opas.

„Hm", macht die Prüferin
und fährt mit dem Finger
über die dicke Staubschicht.
„Sehr alt, sehr klein –
das reicht nicht."

Ritter Kurz wird ganz mulmig.
Was soll er tun?
Er hat keine Drachen erschlagen
und keine Löwen gejagt.

Frau von Ganz-Genau
kritzelt etwas auf ihren Block.

? Wie heißt die Ritter-Prüferin mit Vornamen?

Da fällt ihr Blick auf Karl-Heinz-Otto.

Der hat sich

hinter einem Wand-Teppich versteckt.

Doch seine Schwanzspitze lugt hervor.

„Was ist denn das?", fragt sie.

Ach, du scheinheiliger Schichtkäse!,

denkt Ritter Knapp.

„Das ist . . . nichts!", stottert er.

Doch Frau von Ganz-Genau
hat schon neugierig
hinter den Wandteppich geguckt.

Karl-Heinz-Otto steht da.
Groß. Schwer. Und ganz, ganz still.
Er atmet nicht.
Er blinzelt nicht.
Er rührt sich nicht.
So sieht er aus wie ausgestopft.

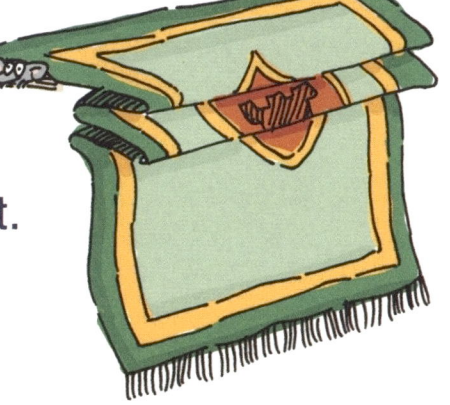

? Wo verstecken sich die Kreaturen?

Gundula von Ganz-Genau
ist beeindruckt.
Sie kritzelt wieder auf ihrem Block.
„Haben Sie noch mehr davon?"

Kurz von Knapp schwitzt.
„Ich weiß nicht", murmelt er.
Doch da entdeckt
Frau von Ganz-Genau
schon Gustav Greif.

Der sitzt auf dem Geländer
und tut auch ganz ausgestopft.
„Nicht schlecht!",
staunt die Prüferin.

Kurz von Knapp grinst.
Er zeigt ihr nacheinander
alle seine Geburtstagsgäste.

Alle tun so,
als seien sie vom Ritter gefangen
und ausgestopft worden.

Am Ende sagt Frau von Ganz-Genau:
„Herzlichen Glückwunsch, Herr Ritter.
Ich verleihe Ihnen die Auszeichnung
BESONDERS TAPFER."

Als sie weg ist, lachen sich der Ritter
und seine Gäste krumm und schief.

? Was für eine Auszeichnung
bekommt Ritter Kurz verliehen?

Lösungen

Seite 11:
Ritter Kurz von Knapp ist knapp
einen Meter und
zwanzig Zentimeter groß.

Seite 15:
Auf dem Bild rechts siehst du,
wie es richtig ist.

Seite 19:
Es haben sich
neun Kreaturen versteckt.
Hier siehst du sie:

Seite 21:
Die anderen Ritter treffen
sich in der Ritter-Schenke.

Seite 26:

So findet Ritter Kurz
zum Drachen Karl-Heinz-Otto:

Seite 35:

Die Ritter-Prüferin heißt
mit Vornamen Gundula.

Seite 38:

Hier verstecken sich
die Kreaturen:

Seite 41:

Der Ritter Kurz von Knapp bekommt die Auszeichnung
BESONDERS TAPFER verliehen.

Frauke Nahrgang
wurde 1951 in Stadtallendorf geboren, wo sie
auch heute noch lebt. Als Grundschullehrerin beschäftigte
sie sich viele Jahre intensiv mit dem Erstleseunterricht.
Auch als Kinderbuchautorin hat sie sich einen Namen
gemacht und veröffentlichte zahlreiche Bilderbücher
und Bücher für Erstleser.

Mechthild Weiling-Bäcker
studierte an der Fachhochschule für Design in Münster. Heute
arbeitet sie als freie Illustratorin für verschiedene Verlage und
lebt mit ihrer Familie in Münster.

Frauke Nahrgang

Max, der Trödelprinz
Lustige Geschichten vom Pünktlichsein

Bilder von Mechthild Weiling-Bäcker

Inhalt

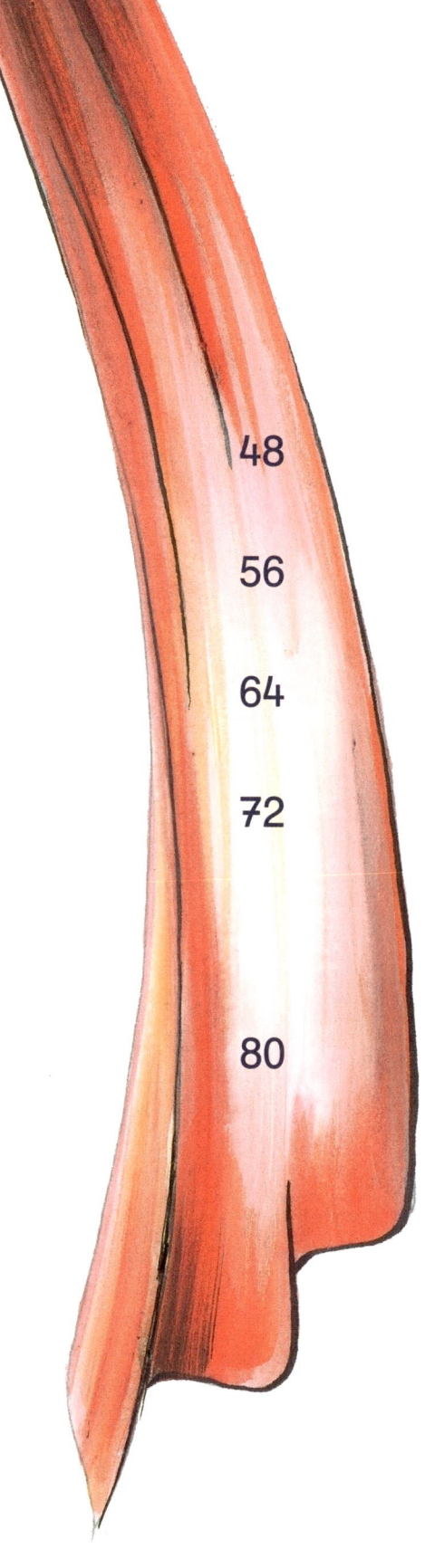

Eine schöne Prinzessin

Oh nein!
Der Schulhof ist ganz leer.

Auch im Flur ist
niemand mehr.
Dabei ist Max so gerannt,
dass er kaum noch
Luft bekommt.

Leise macht Max
die Klassentür auf.
Er will unauffällig
hineinschlüpfen.

Aber Frau Bergert
hat ihn längst entdeckt.
„Warum kommst du
schon wieder zu spät?",
fragt sie.

Max weiß selber nicht,
warum ihm das dauernd passiert.

Zum Glück forscht Frau Bergert
nicht weiter.
Sie will nämlich
ein Märchen erzählen.

Ein böser Drache raubt
eine schöne Prinzessin.
Doch ein mutiger Prinz
besiegt den Drachen,
und alles wird gut.

☞ **Wel**ches **Mär**chen er**zä**hlt die Leh**r**erin?

Frau Bergert sagt,
dass sie das Märchen bald
in der Turnhalle
aufführen wollen.

Sie plant ein echtes Theaterstück
mit ganz vielen Zuschauern!
Wie aufregend!
Alle reden durcheinander.

Gleich werden die Rollen verteilt:
der König und die Königin,
die Diener und Zofen,
der Drache und natürlich
die schöne Prinzessin.

Emma soll sie spielen.
Das passt gut, findet Max.

Max mag Emma
sehr gern,
obwohl sie oft
schnippisch sagt:
„Trödle doch nicht
immer so!"

Prinzessinnen sind
eben manchmal
ein bisschen zickig.

☞ Was stört Emma an Max?

55

Der Drachenkämpfer

„Wer soll Prinz werden?",
überlegt Frau Bergert.
Max meldet sich sofort.
Er wird Emma
vor dem Drachen retten!

Leider will Julian
auch Prinz werden.
Er ist groß und stark.
Gegen ihn haben Drachen
keine Chance.

Mutlos lässt Max
seinen Finger sinken.

Frau Bergert überlegt
eine Weile.
Dann sagt sie,
dass Max der Prinz sein soll.

Wirklich, Max!
Nicht Julian.
Der wird nur ein Ritter
und der Ersatzprinz
für alle Fälle.

☞ Wer braucht welches Kostüm?

Julian wirft Max
einen gehässigen Blick zu.
„So ein Trödelprinz",
mault er.
„Bis der kommt,
hat der Drache
die Prinzessin längst gefressen."

Aber Julian täuscht sich.
Max ist kein Trödelprinz!
Ab jetzt wird Max nie mehr
zu spät kommen.

☞ Warum will Max ab jetzt pünktlich sein?

Auf dem Heimweg übt Max,
wie man gegen Drachen kämpft.
Mit einem langen Stock
besiegt er einen Drachen
nach dem anderen.

Das ist doch kein Problem
für einen echten Prinzen!

Als Max nach Hause kommt,
ist das Essen kalt.
Mama schimpft.

Aber was kann Max dafür,
wenn es im Stadtpark von Drachen
nur so wimmelt?

Prinz im Pech

Jede Woche proben sie nun
das Theaterstück.
Emma ist eine tolle Prinzessin.
Auch wenn sie manchmal
ihren Text vergisst.

Aber das ist nicht so schlimm.
Denn Max kann inzwischen
das ganze Stück auswendig.

Klar, dass er
der Prinzessin vorsagt,
wenn sie mal stecken bleibt.

Emma lächelt ihn dann immer
dankbar an.
Es ist toll, ein Prinz zu sein.

☞ Was gefällt Max an seiner Rolle als Prinz?

Endlich ist der große Tag da.
Mama und Papa wollen natürlich
auch zuschauen.

Gerade will Mama das Auto starten,
da merkt Max,
dass seine Krone fehlt.
So ein Pech!

Gestern hat Max seiner Oma
das ganze Märchen vorgespielt.
Dann hat er die Krone
bei ihr vergessen.

Deshalb muss Mama jetzt
einen Riesen-Umweg fahren.
Aber ein Prinz braucht
seine Krone!

☞ Welchen Weg muss Mama fahren?

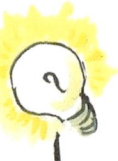

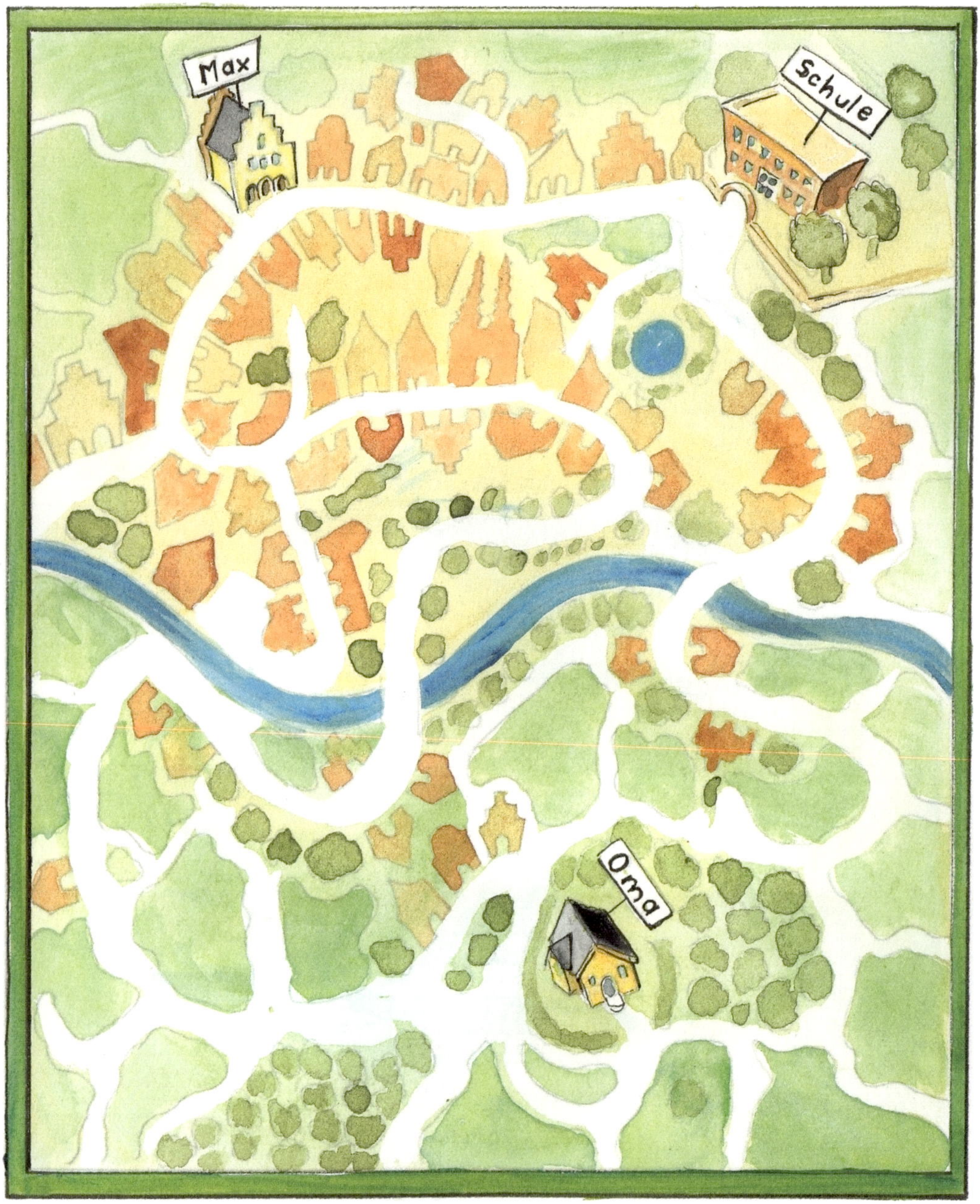

Endlich kommen sie
bei der Schule an.
Hals über Kopf
springt Max
aus dem Auto.

„Viel Glück!", ruft Papa.
Doch da ist Max schon
in der Turnhalle verschwunden.

Max hastet durch den Flur.
Aber es ist zu spät.

Der Ersatzprinz stolziert schon
auf der Bühne herum.
Alles ist verloren.

Prinz Julian sieht jedoch
nicht glücklich aus.
Und der König
und die Königin
tuscheln aufgeregt.

Sogar der Drache
kommt aus seiner Höhle
und zuckt die Schultern.

Was ist bloß los?

Die Rettung

Neben der Treppe zur Bühne
hockt eine traurige Prinzessin.
Frau Bergert redet auf sie ein.

Aber Emma schüttelt den Kopf
und schluchzt:
„Ich habe den ganzen Text
vergessen."

Arme Emma!
Max muss ihr helfen.
„Keine Angst!", verspricht er.
„Ich sage dir jedes Wort vor."

Das tröstet die Prinzessin,
und sie lässt sich endlich
vom Drachen rauben.

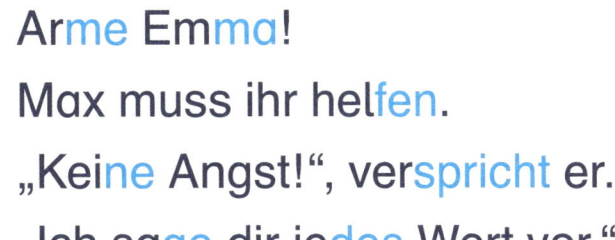

Emma ist eine tolle Prinzessin,
auch wenn sie wirklich
manchmal stecken bleibt.

Doch das merkt niemand.
Denn Max hat sich
hinter dem Vorhang versteckt
und flüstert nur ganz leise.

Wo ist Max?

Zum Schluss will Julian
die Prinzessin heiraten.
Unsicher schaut Emma
sich nach Max um.

Der nickt ihr aufmunternd zu.
Sie kann ruhig Ja sagen.

Das Publikum klatscht begeistert.
Die Schauspieler müssen sich
wieder und wieder verbeugen.

Emma holt Max
auf die Bühne
und verbeugt sich
mit ihm zusammen.
Da klatschen die Leute noch mehr.

„Max hat unsere Aufführung gerettet", lobt Frau Bergert.

Julian nickt und meint:
„Gut, dass er
so ein Trödelprinz ist."

„Das finde ich auch",
sagt Emma
und strahlt Max an.

Warum wird Max von allen gelobt?

„Aber eigentlich bin ich gar kein . . .",
will Max protestieren.
Doch dann überlegt er es
sich anders.

Wenn es der
Prinzessin gefällt,
dann ist Max
auch gerne mal
ein Trödelprinz.

Lösungen

Seite 52

Die Lehrerin erzählt ein Märchen
von einer Prinzessin, einem Prinzen
und einem Drachen.
Hier siehst du das richtige Bild.

Seite 55

Emma mag es nicht, dass Max oft trödelt
und zu spät kommt.

Seite 59

So ist es richtig:

Prinzessinnen- Drachen- Schwert Ritter-
kleid kostüm und Krone rüstung

Seite 61

Max ist so glücklich, dass er der Prinz sein darf.
Diese Rolle will er auf jeden Fall behalten.

Seite 65

Max findet es toll, ein Prinz zu sein,
weil Emma ihn endlich auch mag.

Seite 68

Diesen Weg muss Mama fahren,
damit Max seine Krone bei Oma
holen kann und danach
zur Schule kommt.

Seite 75

Hinter dem Vorhang
hat sich Max versteckt.
So kann er
Emma prima vorsagen.

Seite 79

Max wird von allen gelobt,
weil Emma ohne ihn niemals aufgetreten wäre.
So hat Max die Aufführung gerettet.

Ulrike Kaup
wurde in Gütersloh geboren. Sie sitzt gern in Cafés und
schreibt Geschichten. Am liebsten in einem fernen Land. Und
eines Tages vielleicht mit einem schokoladenbraunen Hund.

Uta Bettzieche,
geboren 1966, studierte an der Hochschule für Grafik und
Buchkunst in Leipzig und am Pratt Institute New York.
Heute ist sie als freie Illustratorin für verschiedene Verlage tätig
und wurde 2003 mit dem 1. Preis der
Stiftung Buchkunst ausgezeichnet.

Ulrike Kaup

Der Buchstabenpirat

Abc-Geschichten

Bilder von Uta Bettzieche

Inhalt

Die Buchstabenjacke

Die Kinder der Klasse 1a
sind furchtbar aufgeregt.
Wo bleibt bloß
der Direktor
an ihrem ersten Schultag!

Endlich!
Da kommt Direktor Bär.
Er ist ganz aus der Puste.

„Ihr glaubt nicht,
wen ich getroffen habe!",
schnauft er.
„Und schaut euch
bloß mal
meine Jacke an!"

„Da sind ja lauter Buchstaben!
Wie kommen die denn
auf die Jacke?",
wundert sich das Yak.

„Das ist eine verrückte Geschichte",
antwortet Direktor Bär.

„In unserer Schule gibt es
einen Buchstabenpiraten.
Er wohnt im Buchstabenland.
Hier! Hinter dieser Tür!
Dort ärgert er die Wörter.

Manchmal stibitzt er
sogar Buchstaben!
Gerade eben hat er
eine Handvoll
auf meine Jacke geworfen."

GESUCHT!

SUCHE T

„Und jetzt laufen
im Buchstabenland
Wörter herum,
die ihren Anlaut suchen",
fährt Direktor Bär fort.

„Ihren Anlaut?",
fragt die Katze.

„Ja, stell dir vor,
dir fehlt das K.
Dann heißt du
nicht mehr KATZE,
sondern ATZE",
erklärt der Direktor.

„Bloß nicht"!,
faucht die Katze.
„Wer mich macht zur ATZE,
spürt schnell meine TATZE."

„Gibt es
kein Fundbüro
für verlorene Buchstaben?",
fragt der Elch.

„Leider nein",
antwortet Direktor Bär
und lacht.
„Aber ich habe eine Idee,
wie wir den Wörtern
helfen können!
Jeder von euch
bekommt einen Buchstaben
von meiner Jacke
und sucht dazu
ein passendes Wort!"

Und dann öffnet Direktor Bär
die geheimnisvolle Tür
hinter der Tafel.

Welche Buchstaben sind auf der Jacke?

Im Buchstabenland

Ohne zu zögern,
schnappt sich
der Wurm das N
und kriecht los.

Da! Über dem Zweig
hängt eine UDEL.

„Hurra!", ruft der Wurm.
„Mein Wort ist die NUDEL.
Genauso lang und dünn
wie ich!

Und jetzt bringe ich
dich zurück
zu deinen NUDEL-Freunden!"

94

Wie viele Nudeln zählst du?

Die Giraffe
hat ein L bekommen.

Hoffentlich habe ich
auch so viel Glück
wie der Wurm, denkt sie.
Ich möchte etwas,
das zu mir passt
und nicht so klitzeklein ist.

„Nimm mich!",
ruft da die EITER
und wird – schwups –
zur LEITER.

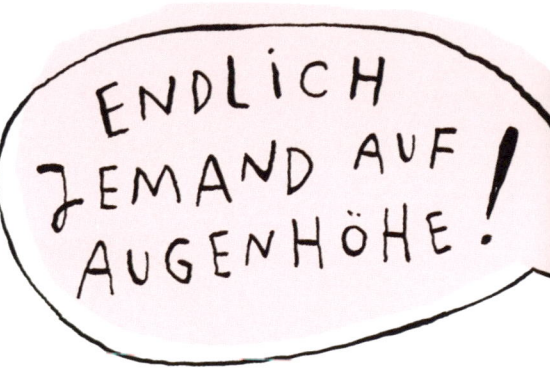

„Ich möchte
etwas zum Hochklettern",
wünscht sich die Katze.

„Wer braucht ein B?",
ruft sie in die Welt hinaus.

Gleich zwei Wörter
kommen angerollt.
Ein AUM und ein ACH.

Welches Wort nimmt sie wohl?

„HILFE!!!"

„Hilfe! Ich klinge
nach nichts!"
Wer jammert da bloß?
Ein HR!
Wie eine wilde Hummel
schwirrt es im Kreis herum.

„Wozu die Aufregung",
sagt der Elch.
„Ich habe ein U
und mache dich zu
einer UHR.
Die kann ich nämlich
gut gebrauchen."

Warum braucht der Elch eine Uhr?

„Ich suche immer noch
ein Wort zu meinem R",
beschwert sich der Drache.
„Aber es soll kein Angsthase sein!"

„Nimm doch mich!",
ruft da ein ITTER
und wird flugs zum RITTER.

„Jetzt fehlt nur noch
eine Prinzessin",
freut sich der Drache.
„Dann können wir
ein Märchen spielen."

EE

ISCH

STEREI

„Ich schwing mich lieber
durch die Lüfte",
sagt der Affe,
„im Wald oder im Zirkus."

„Da passen wir zusammen!",
ruft ein LOWN.
„Wirf mir dein C zu,
und ich werde ein CLOWN."

NDIANER

UNGE

EIL

WERG

ASE

Welcher Anfangsbuchstabe
gehört zu welcher Wolke?

Die kleine Maus
hält ein H
in ihren Pfötchen.
„Ich wünsche mir ein Wort,
das mir ähnlich ist",
piepst sie.

„Den Wunsch kann ich
dir erfüllen",
sagt ein AUS.

Jetzt hat die Maus ein HAUS.
Aber nur ein ganz kleines.

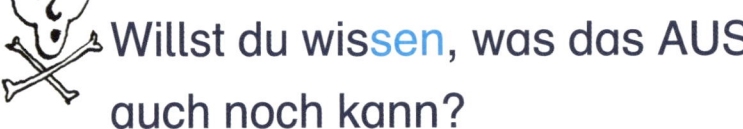

Willst du wissen, was das AUS
auch noch kann?

106

Ein AUS
zieht in die Welt hinaus.
Es wär so gern ein Held
und sucht, wie's ihm gefällt,
Buchstaben zum Verwandeln.

Es sammelt alles, was es kriegt,
was hier und da und dort rumliegt,
und als es dann fünf neue hat,
ist es endlich supersatt.

Nun geht das AUS
von Haus zu Haus als

_____ .

EINMAL IM
DEZEMBER.

Nur das Yak hat sein Wort
noch nicht gefunden!
Da trifft es auf ein YLOFON
und freut sich schon!

„Du fängst ja an wie ich!",
schnaubt es.
„Nicht mehr lange",
sagt das YLOFON,
schnappt sich das X
und wird ein XYLOFON.

Nanu, denkt das Yak.
Das klingt wie Musik!

„Zum Kuckuck noch mal!
Wo ist die Zeit geblieben!",
ruft der Elch
und schaut auf seine neue Uhr.

„Bald kommt schon
meine Mama
und holt mich ab."

Schnell laufen alle zurück
in die Schule.
Jedes Kind schreibt nun
sein Wort an die Tafel.

Welches Wort schreibt der Drache
gerade an die Tafel?

Der Buchstabenpirat

Dann klappt Direktor Bär
die Tafel auf.
Huch! Was ist denn da passiert?"

ZEHRLICH
KILLWOMMEN!

„Das war bestimmt
der Buchstabenpirat!",
piepst die kleine Maus.

 Was stand vorher an der Tafel?

Überall
hat der Buchstabenpirat
Unsinn gemacht.

Die Buchstaben
auf den Türschildern
sind alle durcheinander.

Selbst auf dem Sportplatz
hat er sich ausgetobt.

DÄMCHEN

 Was stand vorher auf den Schildern?

„Wo ist der Buchstabenpirat
denn jetzt schon wieder?",
fragt der Wurm.
„Schaut mal nach oben!",
meint plötzlich die Giraffe.
„Da ist er!"
Und während der Witzbold
über sie hinwegsegelt,
winkt er fröhlich.

DER BUCHSTABENPIRAT
SPRICHT
RÜCKWÄRTS!

 Kannst du übersetzen, was der
Buchstabenpirat den Kindern zuruft?

 Und was stand auf dem Ballon?

Lösungen

Seite 93

Auf Direktor Bärs Jacke sind die Buchstaben
N, U, L, R, C, H, X, B.

Seite 95

Es sind 16 Nudeln.

Seite 99

Die Katze nimmt den BAUM. Das ist doch klar!

Seite 101

Der Elch braucht eine UHR,
damit er pünktlich beim
Weihnachtsmann ankommt.

Seite 105

J	UNGE
O	STEREI
F	ISCH
Z	WERG
T	EE
V	ASE
I	NDIANER
S	EIL

Seite 106/107

Der Satz lautet: Nun geht das AUS von Haus zu Haus als NIKOLAUS.

Seite 111

Der Drache schreibt RITTER.

Seite 112

An der Tafel stand: HERZLICH WILLKOMMEN!

Seite 113–115

Über den Türen im Flur stand: DIREKTOR BÄR und TOILETTE.
Über den Umkleidekabinen stand: JUNGEN und MÄDCHEN.

Seite 117

Der Buchstabenpirat ruft: BIS MORGEN, KINDER!
Auf dem Ballon stand: AHOI.

**Mein
Abc-Lesestart**

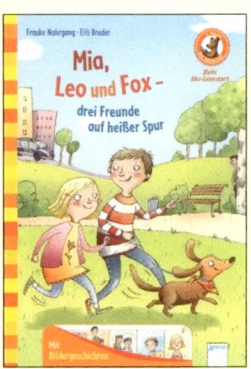

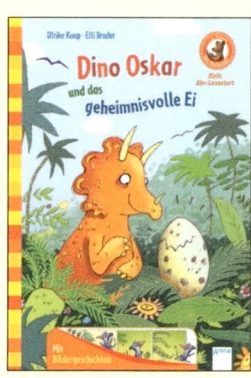

Mia, Leo und Fox – drei
Freunde auf heißer Spur
978-3-401-71330-4

Erdbeerinchen Erdbeerfee –
Im Erdbeergarten ist was los
978-3-401-70817-1

Ein Kuschelmonster für
die Lesenacht
978-3-401-70961-1

Dino Oskar und das
geheimnisvolle Ei
978-3-401-71017-4

Jeder Band: Ab 5/6 Jahren • Mein Abc-Lesestart • Durchgehend farbig illustriert
48 Seiten • Gebunden • Format 17,5 x 24,6 cm

**Mit Bücherbärfigur
am Lesebändchen
und Bildergeschichten**

Zeilentrennung nach Sinneinheiten

Bildergeschichten erleichtern
das Leseverständnis

Große Fibelschrift

Der Juwelier?
Der verkauft doch
Schmuck und Gold
und …

„… und Glitzer-Dinge!",
ruft Mia aufgeregt.
Sie zeigt den Polizisten,
was sie gefunden hat.

Viele farbige Bi

20

Innenseite aus »Mia, Leo und Fox«
ISBN 978-3-401-71330-4

Die Reihe »Mein Abc-Lesestart« richtet sich an Leseanfänger nach dem Abschluss des
Buchstabenlernens. Mithilfe von Bildergeschichten und kurzen Leseeinheiten ist das
Erlesen einer ersten durchgehenden Geschichte kinderleicht.

In Zusammenarbeit m
westermann

**SuperMaunz,
die magische Katze**
Lustige
Abenteuergeschichten
978-3-401-70816-4

**Tilda Apfelkern und ein
ganz besonderer Gast**
Freundschaftsgeschichten
978-3-401-70556-9

**Greta Glückspilz. Eine
Schultasche voller Glück**
Lustige Schulgeschichten
978-3-401-71102-7

**Nina und der freche
Flaschengeist**
Zaubergeschichten
978-3-401-70194-3

Jeder Band: Ab 5/6 Jahren • Allererstes Lesen • Durchgehend farbig illustriert
48 Seiten • Gebunden • Format 17,5 x 24,6 cm

it Bücherbärfigur am
sebändchen und
serätseln

Große Fibelschrift und Zeilentrennung nach Sinneinheiten

Mit Bilder-
und Leserätseln

Ein Ausflug in der Nacht

Abends schlägt SuperMaunz vor:
„Wir könnten
einen Ausflug machen."
Emma erwidert:
„Es ist schon dunkel.
Um diese Zeit liegen wir
sonst im Bett."

Wo überall schläft schon jemand?

nfache Geschichten
t kurzen Zeilen

34

Viele farbige
Bilder

Innenseite aus »SuperMaunz, die magische Katze«
ISBN 978-3-401-70816-4

Die Reihe »Allererstes Lesen« ist auf die Fähigkeiten von Leseanfängern abgestimmt:
Übersichtliche Leseeinheiten und kurze Zeilen sind ideal zum Lesenlernen.
Die ausdrucksstarken Bilder unterstützen zudem das Textverständnis.

In Zusammenarbeit mit
westermann